AF586369

Suitte des Residences Memorables D'EUGENE FRANCOIS Duc de Savoye et de Piemont &c. &c.

Seconde Partie

Dans la quelle se trouve generalement tous les Appartements du premier Etage de la grande Maison du Jardin de sa dite Altesse Serenissime, Situëe dans un de fauxbourgs de Vienne.

Ont eté Inventés et Ordonnés par le Sieur Claude le Fort du Plessy &c.
le tout levé et dessigné par le Sieur Salomon Kleiner &c.

Et se trouve à Augsbourg chez les Heritiers de Ieremie Wolff. MDCCXXXIII.
avec Privilege de sa Maj.te Imperiale et Catholique.

Wunderwürdiges Kriegs- und Siegs- Lager EUGENII FRANCISCI Hertzogen zu Savoyen und Piemont &c. &c.

Anderer Theil

Darinnen die Zimmer Sr. Hochfürstl. Durchl. in dem Haupt und Garten Gebäude, vor der Kayserl. Residenz- Stadt Wienn vorgestellet werden deren
Innwendigen Aussierungen Herr Claudius Le Fort du Plessy &c. anordnete, und daselbst nach dem Leben gezeichnet durch Hr. Salomon Kleiner.

Augspurg in Verlegung Jeremias Wolffs seel. Erben
Cum Gratiâ et Privilegio Sacræ Cæs. Majestatis.
MDCCXXXIII.

II.

1.

S. Hochfürstl. Durchl. Anti-Chambre. L'Antichambre de S. A. S.me

Salom. Kleiner Ingen. Elect. Mogunt. del. Cum Pr. Sac. Caes. Maj. Haered. Ier. Wolffy excud. Aug. Vind. Iacob Wangner sculpsit.

II.

2.

Conferenz Zimmer.

Chambre des Conferences.

Salomon Kleiner Ing. Elect. Mogunt. del.

Cum Pr. Sac. Cæs. Maj. Hæred. Ier. Wolffÿ exc. Aug. Vind.

Iohann Balthasar Probst direxit.

II.

Parade und Audienz - Zimmer. *Chambre de Parade et Audiences.*

Salomon Kleiner Ingen. Elect. Mogunt. delin. *Cum Pr. Sac. Cæs. Maj.* *Hæred. Ier. Wolffy excud. Aug. Vind.* *Iacob Gottlieb Thelott sculps.*

II.

4.

Capelle. Chapelle.

Salomon Kleiner Ing. Elect. Mogunt. del. C. Pr. Sac. Cæs. Maj. Hæred. Jer. Wolffij exc. A.V. Iacob Gottlieb Thelott Sculpsit.

II

Spiegel Zimmer. Cabinet de Glaces.

5

Salom. Kleinert Ingen. Elect. Mogunt. Cum Pr. Sac. Cæs. Maj. Hæred. Ier. Wolffÿ exc. A.V. Iacob Wangner sculpsit.

II

6.

Bibliothec. Bibliotheque.

Salom. Kleiner Ing. Elect. Mog. del. Cum Pr. Sac. Cæs. Maj. Hæred. Ier. Wolffij exc. Aug. V. Iohan August Corvinus sculpsit.

II

7

Bilder-Zimmer. Cabinet.

Salom: Kleiner Ing. Elect: Mogunt: del. Cum Pr. Sac. Cæs. Maj. Hæred. Ier. Wolffy excud. Aug. Vind. Gottfried Pfautz Sculps.

II.

8

Schlaff-Zimmer Sr. Durchl. Chambre à coucher de S. A. Sme.

Salomon Kleinert Ingenieur Elect. Mogunt. del. Cum Pr. Sac. Cæs. Maj. Hæred. Ier. Wolffij excud. A.V. Ioh. August Corvinus sculpsit.

II.

Anleg-Zimmer. Guarderobbe.

Salom. Kleiner t Ing. Elect. Mogunt. del. Cum Pr. Sac. Caes. Maj. Haered. Ier. Wolffij excud. Aug. V. Iohann August Corvinus sculps.

9

www.ingramcontent.com/pod-product-compliance
Lightning Source LLC
LaVergne TN
LVHW052037160826
845678LV00003B/1405

9782329619071